Nachbarschaftsrecht NRW

Nachbarrechtsgesetz für Nordrhein-Westfalen und einschlägige Normen aus dem BGB

2. Auflage 2018

Impressum

© Verlag MGJV, Poelchaukamp 20, 22301 Hamburg, Kontakt: mgjv.verlag@gmail.com; - Die Redaktion freut sich über konstruktive Hinweise und Verbesserungsvorschläge.

Inhaltliche Verantwortung und Aktualität: Redaktion MGJV

Satz, Druck und Bindung: Externe Dienstleister; alle Rechte MGJV-Verlag

Umschlaggestaltung: Gustav Broedecker. Alle Rechte MGJV-Verlag

Wir sind bemüht, ein ansprechendes Produkt zu gestalten, dass vernünftigen Ansprüchen an das Preis/Leistungsverhältnis gerecht wird.

Die Rechte am Werk, insbesondere für die Zusammenstellung, die Cover- und weitere Gestaltung liegen beim Verlag. Trotz sorgfältigster Bearbeitung und Qualitätskontrolle können Übertragungsfehler und technische Fehler nicht letztgültig ausgeschlossen werden. Fachanwaltliche Beratung wird durch die Konsultation einer Rechtssammlung nicht ersetzt.

- - - - -

Über eine Bewertung bei Amazon oder anderen Distributoren freut sich die Redaktion.Mit Kritik und Verbesserungsvorschlägen für künftige Ausgaben wenden Sie sich auch gerne an MGJV.Verlag@gmail.com. Wir freuen uns über hilfreiche Hinweise.

Vielen Dank, Ihre Redaktion MGJV

Inhaltsverzeichnis

Nachbarrechtsgesetz
(NachbG NRW)..4
   § 1 Gebäude...4
   § 2 (Fn 2) Ausnahmen..5
   § 3 (Fn 4) Ausschluß des Anspruchs..6
   § 4 Umfang und Inhalt...7
   § 5 Ausnahmen..8
   § 6 Ausschluß des Beseitigungsanspruchs..9
   § 7 Begriff..9
   § 8 Voraussetzungen der Errichtung..9
   § 9 Beschaffenheit...10
   § 10 Standort..10
   § 11 Besondere Bauart..11
   § 12 Anbau...11
   § 13 Nichtbenutzung der Nachbarwand..12
   § 14 Beseitigung der Nachbarwand...13
   § 15 Erhöhen der Nachbarwand...14
   § 16 Anzeige..15
   § 17 Schadensersatz..16
   § 18 Verstärken der Nachbarwand...16
   § 19 Begriff..16
   § 20 Anbau...16
   § 21 Besondere Gründung der Grenzwand...17
   § 22 Errichten einer zweiten Grenzwand..19
   § 23 Einseitige Grenzwand...20
   § 23a (Fn 9) Wärmedämmung und Grenzständige Gebäude..................20
   § 24 Inhalt und Umfang..22
   § 25 Nutzungsentschädigung...23
   § 26 Inhalt und Umfang..23
   § 27 Niederschlagwasser..25
   § 28 Anbringen von Sammel- und Abflußeinrichtungen.........................25
   § 29..26
   § 30 Bodenerhöhungen...26
   § 31 Aufschichtungen und sonstige Anlagen..26
   § 32 Einfriedigungspflicht..27
   § 33 Einfriedigungspflicht des Störers..28
   § 34 Ausnahmen...28

§ 35 Beschaffenheit...........29
§ 36 (Fn 4) Standort der Einfriedigung...........29
§ 37 Kosten der Errichtung...........31
§ 38 Kosten der Unterhaltung...........32
§ 39 Ausnahmen...........32
§ 40 Grenzabstände für Wald...........33
§ 41 Grenzabstände für bestimmte Bäume,
Sträucher und Rebstöcke...........34
§ 42 Grenzabstände für Hecken...........37
§ 43 Verdoppelung der Abstände...........37
§ 44 Baumschulen...........38
§ 45 (Fn 3) Ausnahmen...........38
§ 46 Berechnung des Abstandes...........40
§ 47 (Fn 5) Ausschluß des Beseitigungsanspruchs...........40
§ 48 Nachträgliche Grenzänderungen...........40
§ 49 Anwendungsbereich des Gesetzes...........41
§ 50 Schutz der Nachbarrechte...........41
§ 51 (Fn 6) Verjährung...........41
§ 52 Stellung des Erbbauberechtigten...........41
§ 53 (Fn 7) Übergangsvorschriften...........42
§ 54 Außerkrafttreten von Vorschriften...........43
§ 55 (Fn 8) (Fn 10) Inkrafttreten...........43
Bürgerliches Gesetzbuch (BGB)...........46
Abschnitt 3
Eigentum...........50
Titel 1
Inhalt des Eigentums...........50
Titel 2
Erwerb und Verlust des Eigentums an Grundstücken...........60

Nachbarrechtsgesetz
(NachbG NRW)

Vom 15. April 1969 (Fn **1**, **4**)

I. Abschnitt

Grenzabstände für Gebäude

§ 1
Gebäude

(1) Mit Außenwänden von Gebäuden ist ein Mindestabstand von 2 m und mit sonstigen, nicht zum Betreten bestimmten oberirdischen Gebäudeteilen ein Mindestabstand von 1 m von der Grenze einzuhalten. Der Abstand ist waagerecht vom grenznächsten Punkt der Außenwand oder des Bauteils aus rechtwinklig zur Grenze zu messen.

(2) Gebäude im Sinne dieses Gesetzes sind selbständig benutzbare überdachte bauliche Anlagen, die von Menschen betreten werden können und geeignet oder bestimmt sind, dem Schutz von Menschen, Tieren oder Sachen zu dienen. Bauliche Anlagen sind mit dem Erdboden verbundene, aus Baustoffen und Bauteilen hergestellte Anlagen. Eine Verbindung mit dem Erdboden besteht auch dann, wenn die Anlage durch eigene Schwere auf dem Boden ruht oder auf ortsfesten Bahnen begrenzt beweglich ist oder wenn die Anlage nach ihrem Verwendungszweck dazu bestimmt ist, überwiegend ortsfest benutzt zu werden.

(3) In einem geringeren Abstand darf nur mit schriftlicher Einwilligung des Eigentümers des Nachbargrundstücks gebaut werden. Die Einwilligung darf nicht versagt werden, wenn keine oder nur geringfügige Beeinträchtigungen zu erwarten sind.

§ 2 (Fn 2)
Ausnahmen

§ 1 Abs. 1 Satz 1 gilt nicht

a) soweit nach öffentlich-rechtlichen Vorschriften an die Grenze gebaut werden muß;

b) für gemäß § 6 Abs. 11 der Bauordnung Nordrhein-Westfalen zulässige Garagen, überdachte Stellplätze, Gebäude mit Abstellräumen und Gewächshäuser sowie für überdachte Sitzplätze und oberirdische Nebenanlagen für die örtliche Versorgung und für den Wirtschaftsteil einer Kleinsiedlung,

c) gegenüber Grenzen zu öffentlichen Verkehrsflächen, zu öffentlichen Grünflächen und zu oberirdischen Gewässern von mehr als 3 m Breite (Mittelwasserstand);

d) wenn das Gebäude bei Inkrafttreten dieses Gesetzes öffentlich-rechtlich genehmigt ist und die Abstände dem bisherigen Recht entsprechen oder wenn an die Stelle eines solchen Gebäudes ein anderes tritt, mit dem der Mindestgrenzabstand von 2 m nur in dem bisherigen Umfang unterschritten wird;

e) soweit nach den bei Inkrafttreten dieses Gesetzes geltenden öffentlich-rechtlichen Vorschriften anders gebaut werden muß.

§ 3 (Fn 4)
Ausschluß des Anspruchs

(1) Der Anspruch auf Beseitigung eines Gebäudeteils, mit dem ein geringerer als der in § 1 Abs. 1 Satz 1 vorgeschriebene Abstand eingehalten wird, ist ausgeschlossen, wenn

a) der Eigentümer des Nachbargrundstücks den Bau- und den Lageplan über den Gebäudeteil, mit dem der Abstand unterschritten werden soll, erhalten und er nicht binnen drei Monaten schriftlich gegenüber dem Bauherrn, dessen Name und Anschrift aus dem Bauplan ersichtlich sein muß, die Einhaltung des Abstands verlangt hat;

b) der Eigentümer des bebauten Grundstücks, der Bauherr, der Architekt oder der Bauunternehmer den nach § 1 Abs. 1 Satz 1 vorgeschriebenen Abstand bei der Bauausführung weder vorsätzlich noch grob fahrlässig nicht eingehalten hat, es sei denn, daß der Eigentümer des Nachbargrundstücks sofort nach der Abstandsunterschreitung Widerspruch erhoben hat;

c) das Gebäude länger als drei Jahre in Gebrauch ist.

Der Anspruch unterliegt nicht der Verjährung.

(2) Der Eigentümer des bebauten Grundstücks hat dem Eigentümer des Nachbargrundstücks, der die Nichteinhaltung des Abstands nur aus den Gründen des Absatzes 1 Buchstabe b) oder c) hinnehmen muß, den durch die Verringerung der Nutzbarkeit des Nachbargrundstücks eingetretenen Schaden zu ersetzen. Mindestens ist eine Entschädigung in Höhe der Nutzungsvorteile zu zahlen, die auf dem bebauten Grundstück durch die Abstandsunterschreitung entstehen. Der Anspruch wird fällig, sobald die Abstandsunterschreitung hinzunehmen ist.

II. Abschnitt

Fenster- und Lichtrecht

§ 4
Umfang und Inhalt

(1) In oder an der Außenwand eines Gebäudes, die parallel oder in einem Winkel bis zu 60° zur Grenze des Nachbargrundstücks verläuft, dürfen Fenster, Türen oder zum Betreten bestimmte Bauteile wie Balkone und Terrassen nur angebracht werden, wenn damit ein Mindestabstand von 2 m von der Grenze eingehalten wird. Das gilt entsprechend für Dachfenster, die bis zu 45° geneigt sind.

(2) Von einem Fenster, das

    a) mit Einwilligung des Eigentümers des Nachbargrundstücks,

    b) vor mehr als 3 Jahren im Rohbau oder

    c) gemäß dem bisherigen Recht angebracht worden ist,

muß mit später errichteten Gebäuden ein Mindestabstand von 2 m eingehalten werden. Dies gilt nicht, wenn das später errichtete Gebäude den Lichteinfall in das Fenster nicht oder nur geringfügig beeinträchtigt.

(3) Die Abstände sind waagerecht vom grenznächsten Punkt der Einrichtung oder des Gebäudes aus rechtwinklig zur Grenze zu messen.

(4) Die Abstände dürfen nur mit schriftlicher Einwilligung des Eigentümers des Nachbargrundstücks unterschritten werden. Die Einwilligung darf nicht versagt werden, wenn keine oder nur geringfügige Beeinträchtigungen zu erwarten sind.

(5) Lichtdurchlässige, jedoch undurchsichtige und gegen Feuer ausreichend widerstandsfähige Bauteile von Wänden, die weder auf noch unmittelbar an der Grenze errichtet sind, gelten nicht als Fenster.

§ 5
Ausnahmen

§ 4 Abs. 1 und 2 gilt nicht

    a) soweit nach öffentlich-rechtlichen Vorschriften anders gebaut werden muß;

    b) gegenüber Grenzen zu öffentlichen Verkehrsflächen, zu öffentlichen Grünflächen und zu oberirdischen Gewässern von mehr als 3 m Breite (Mittelwasserstand);

    c) für Stützmauern, Hauseingangstreppen, Kellerlichtschächte; Kellerrampen und Kellertreppen;

d) wenn die Einrichtung oder das Gebäude bei Inkrafttreten dieses Gesetzes öffentlich-rechtlich genehmigt ist und die Abstände dem bisherigen Recht entsprechen oder wenn an deren Stelle eine andere Einrichtung oder ein anderes Gebäude tritt, mit denen der Mindestgrenzabstand von 2 m nur in dem bisherigen Umfang unterschritten wird.

§ 6
Ausschluß des Beseitigungsanspruchs

Für den Ausschluß des Anspruchs auf Beseitigung einer der in § 4 Abs. 1 genannten Einrichtungen oder eines Gebäudes, mit denen ein geringerer als der vorgeschriebene Abstand (§ 4 Abs. 1, 2) eingehalten wird, gilt § 3 entsprechend.

III. Abschnitt
Nachbarwand

§ 7
Begriff

Nachbarwand ist die auf der Grenze zweier Grundstücke errichtete Wand, die den auf diesen Grundstücken errichteten oder zu errichtenden baulichen Anlagen als Abschlußwand oder zur Unterstützung oder Aussteifung dient oder dienen soll.

§ 8
Voraussetzungen der Errichtung

Der Eigentümer eines Grundstücks darf eine Nachbarwand errichten, wenn

1. die Bebauung seines und des benachbarten Grundstücks bis an die Grenze vorgeschrieben oder zugelassen ist und

2. der Eigentümer des Nachbargrundstücks schriftlich einwilligt.

§ 9
Beschaffenheit

(1) Die Nachbarwand ist in der für ihren Zweck erforderlichen Art und Dicke auszuführen.

(2) Auf Verlangen des Eigentümers des Nachbargrundstücks ist der Erbauer einer Nachbarwand verpflichtet, die Wand in einer solchen Bauart zu errichten, daß bei der Bebauung des Nachbargrundstücks zusätzliche Baumaßnahmen vermieden werden. Der Eigentümer des Nachbargrundstücks kann das Verlangen nur so lange dem Bauherrn gegenüber stellen, bis der Bauantrag eingereicht ist.

§ 10
Standort

Erfordert keines der beiden Bauvorhaben eine größere Dicke der Wand als das andere, so darf die Nachbarwand höchstens mit der Hälfte ihrer notwendigen Dicke auf dem Nachbargrundstück errichtet werden. Erfordert der auf dem einen der Grundstücke geplante Bau eine dickere Wand, so ist die Wand mit einem entsprechend größeren Teil ihrer Dicke auf diesem Grundstück zu errichten.

§ 11
Besondere Bauart

(1) Erfordert die spätere bauliche Anlage eine besondere Bauart der Nachbarwand, insbesondere eine tiefere Gründung, so sind die dadurch entstehenden Mehrkosten dem Erbauer der Nachbarwand zu erstatten, sobald gegen diesen der Vergütungsanspruch des Bauunternehmers fällig wird. In Höhe der voraussichtlich erwachsenden Mehrkosten ist auf Verlangen binnen zwei Wochen Vorschuß zu leisten. Der Vorschuß ist bis zu seiner Verwendung mit 4% zugunsten des Zahlenden zu verzinsen. Der Anspruch auf die besondere Bauart erlischt, wenn der Vorschuß nicht fristgerecht geleistet wird.

(2) Soweit der Bauherr die besondere Bauart auch zum Vorteil seiner baulichen Anlage ausnutzt, beschränkt sich die Erstattungspflicht des Eigentümers des Nachbargrundstücks entsprechend. Bereits erbrachte Leistungen können zurückgefordert werden.

§ 12
Anbau

(1) Der Eigentümer des Nachbargrundstücks ist berechtigt, an die Nachbarwand anzubauen. Anbau ist die Mitbenutzung der Nachbarwand als Abschlußwand oder zur Unterstützung oder Aussteifung der neuen baulichen Anlage.

(2) Der anbauende Eigentümer des Nachbargrundstücks ist zur Zahlung einer Vergütung in Höhe des halben Wertes der Nachbarwand verpflichtet, soweit sie durch den Anbau genutzt wird.

(3) Die Vergütung wird mit der Fertigstellung des Anbaus im Rohbau fällig. Bei der Berechnung des Wertes der Nachbarwand ist von den zu diesem Zeitpunkt üblichen Baukosten auszugehen. Abzuziehen sind die durch eine besondere Bauart bedingten Mehrkosten; § 11 bleibt unberührt. Das Alter, der bauliche Zustand und ein von § 10 abweichender Standort der Wand sind zu berücksichtigen. Auf Verlangen ist Sicherheit in Höhe der voraussichtlich zu gewährenden Vergütung zu leisten; der Anbau darf dann erst nach Leistung der Sicherheit begonnen oder fortgesetzt werden. Die Sicherheit kann in einer Bankbürgschaft bestehen.

§ 13
Nichtbenutzung der Nachbarwand

(1) Wird die spätere bauliche Anlage nicht an die gemäß § 8 errichtete Nachbarwand angebaut, obwohl das möglich wäre, so hat der anbauberechtigte Eigentümer des Nachbargrundstücks für die durch die Errichtung der Nachbarwand entstandenen Mehraufwendungen gegenüber den Kosten der Herstellung einer Grenzwand (§ 19) Ersatz zu leisten. Dabei ist zu berücksichtigen, daß das Nachbargrundstück durch die Nachbarwand teilweise weiter genutzt wird. Höchstens ist der Betrag zu erstatten, den der Eigentümer des Nachbargrundstücks im Falle des Anbaus nach § 12 Abs. 2 und 3 zu zahlen hätte. Der Anspruch wird mit der Fertigstellung der späteren baulichen Anlage im Rohbau fällig.

(2) Der anbauberechtigte Eigentümer des Nachbargrundstücks ist ferner verpflichtet, den zwischen der Nachbarwand und seiner an die

Nachbarwand herangebauten baulichen Anlage entstandenen Zwischenraum auf seine Kosten in geeigneter Weise so zu schließen, daß Schäden im Bereich des Zwischenraumes, insbesondere durch Gebäudebewegungen und Witterungseinflüsse, an der zuerst errichteten baulichen Anlage vermieden werden. Die hierzu notwendigen Anschlüsse haben sich hinsichtlich der verwendeten Werkstoffe der vorhandenen baulichen Anlage anzupassen.

(3) Ist der Anbau wegen einer Veränderung der Rechtslage unmöglich geworden, so hat der Eigentümer des Nachbargrundstücks lediglich die Hälfte des Betrages zu zahlen, der nach Absatz 1 zu zahlen gewesen wäre. Absatz 2 gilt sinngemäß.

§ 14
Beseitigung der Nachbarwand

(1) Der Eigentümer der Nachbarwand ist berechtigt, die Nachbarwand ganz oder teilweise zu beseitigen, solange und soweit noch nicht angebaut ist.

(2) Das Recht zur Beseitigung besteht nicht, wenn der anbauberechtigte Eigentümer des Nachbargrundstücks die Absicht, die Nachbarwand ganz oder teilweise durch Anbau zu nutzen, dem Eigentümer der Nachbarwand schriftlich anzeigt und spätestens binnen sechs Monaten den erforderlichen Bauantrag einreicht.

(3) Das Recht zur Beseitigung bleibt jedoch bestehen, wenn der Eigentümer der Nachbarwand, bevor er eine Anzeige nach Absatz 2 erhalten hat, die Absicht, die Nachbarwand ganz oder teilweise zu beseitigen, dem Eigentümer des Nachbargrundstücks schriftlich

anzeigt und spätestens binnen sechs Monaten den erforderlichen Antrag auf Genehmigung des Abbruchs einreicht.

(4) Gehen die Anzeigen nach Absätzen 2 und 3 ihren Empfängern gleichzeitig zu, so hat die Anzeige nach Absatz 3 keine Rechtswirkung.

(5) Macht der Eigentümer der Nachbarwand von seinem Recht zur Beseitigung Gebrauch, so hat er dem Eigentümer des Nachbargrundstücks

>1. für die Dauer der Nutzung des Nachbargrundstücks durch den hinübergebauten Teil der Nachbarwand eine angemessene Vergütung zu leisten und

>2. eine gemäß § 11 erbrachte Leistung zu erstatten und mit 4% vom Zeitpunkt der Zahlung an zu verzinsen; bereits gezahlte Zinsen sind anzurechnen.

(6) Beseitigt der Eigentümer der Nachbarwand diese ganz oder teilweise, obwohl gemäß Absatz 2 ein Recht hierzu nicht besteht, so hat er dem anbauberechtigten Eigentümer des Nachbargrundstücks Ersatz für den durch die völlige oder teilweise Beseitigung der Anbaumöglichkeit zugefügten Schaden zu leisten. Der Anspruch wird fällig, wenn die spätere bauliche Anlage in Gebrauch genommen wird.

§ 15
Erhöhen der Nachbarwand

(1) Jeder Grundstückseigentümer darf die Nachbarwand in voller Dicke auf seine Kosten nach den allgemein anerkannten Regeln der Baukunst erhöhen, wenn dadurch keine oder nur geringfügige

Beeinträchtigungen für den anderen Grundstückseigentümer zu erwarten sind. Für den erhöhten Teil der Nachbarwand gelten die §§ 12, 13 Abs. 2 sowie § 14 Abs. 1 bis 4 und 6 entsprechend.

(2) Setzt die Erhöhung eine tiefere Gründung der Nachbarwand voraus, so darf diese unterfangen werden, wenn das

    1. nach den allgemein anerkannten Regeln der Baukunst notwendig und

    2. öffentlich-rechtlich zulässig ist.

§ 16
Anzeige

(1) Das Recht gemäß § 15 besteht nur, wenn die Absicht, das Recht auszuüben, dem Eigentümer und dem Nutzungsberechtigten des betroffenen Grundstücks mindestens einen Monat vor Beginn der Arbeiten schriftlich angezeigt worden ist.

(2) Die Anzeige an einen der Genannten genügt, wenn der andere nicht bekannt, nur schwer feststellbar oder unbekannten Aufenthalts ist oder wenn er infolge Aufenthalts im Ausland nicht alsbald erreichbar ist und er auch keinen Vertreter bestellt hat. Treffen diese Voraussetzungen sowohl für den Eigentümer als auch für den Nutzungsberechtigten zu, so genügt die Anzeige an den unmittelbaren Besitzer.

§ 17
Schadensersatz

Schaden, der in Ausübung des Rechts gemäß § 15 den zur Duldung Verpflichteten entsteht, ist ohne Rücksicht auf Verschulden zu ersetzen. Auf Verlangen ist in Höhe des voraussichtlichen Schadensbetrages Sicherheit zu leisten, die auch in einer Bankbürgschaft bestehen kann. Dann darf das Recht erst nach Leistung der Sicherheit ausgeübt werden. Eine Sicherheitsleistung kann nicht verlangt werden, wenn der voraussichtliche Schaden durch eine Haftpflichtversicherung gedeckt ist.

§ 18
Verstärken der Nachbarwand

Jeder Grundstückseigentümer darf die Nachbarwand auf seinem Grundstück auf seine Kosten verstärken. §§ 15 Abs. 2, 16 und 17 gelten entsprechend.

IV. Abschnitt
Grenzwand

§ 19
Begriff

Grenzwand ist die unmittelbar an der Grenze zum Nachbargrundstück auf dem Grundstück des Erbauers errichtete Wand.

§ 20
Anbau

(1) Der Eigentümer des Nachbargrundstücks darf eine Grenzwand durch Anbau nutzen, wenn der Eigentümer der Grenzwand schriftlich

einwilligt und der Anbau öffentlich-rechtlich zulässig ist. Anbau ist die Mitbenutzung der Grenzwand als Abschlußwand oder zur Unterstützung oder Aussteifung der neuen baulichen Anlage.

(2) Der anbauende Eigentümer des Nachbargrundstücks hat eine Vergütung in Höhe des halben Wertes der Grenzwand, soweit sie durch den Anbau genutzt ist, zu zahlen und ferner eine Vergütung dafür zu leisten, daß er den für die Errichtung einer eigenen Grenzwand erforderlichen Baugrund einspart.

(3) Die Vergütung wird mit der Fertigstellung des Anbaus im Rohbau fällig. Bei der Berechnung des Wertes der Grenzwand ist von den zu diesem Zeitpunkt üblichen Baukosten auszugehen. Abzuziehen sind die durch eine besondere Bauart bedingten Mehrkosten. Das Alter und der bauliche Zustand der Wand sind zu berücksichtigen. Auf Verlangen ist Sicherheit in Höhe der voraussichtlich zu gewährenden Vergütung zu leisten; der Anbau darf dann erst nach Leistung der Sicherheit begonnen oder fortgesetzt werden. Die Sicherheit kann in einer Bankbürgschaft bestehen.

(4) Nach dem Anbau sind die Unterhaltskosten für den gemeinsam genutzten Teil der Grenzwand von den beiden Grundstückseigentümern zu gleichen Teilen zu tragen.

§ 21
Besondere Gründung der Grenzwand

(1) Auf Verlangen des Eigentümers des Nachbargrundstücks hat der Erbauer die Grenzwand so zu gründen, daß bei der Bebauung des Nachbargrundstücks zusätzliche Baumaßnahmen vermieden werden.

(2) Der Eigentümer des zur Bebauung vorgesehenen Grundstücks hat dem Eigentümer des Nachbargrundstücks unter Übersendung des Bau- und des Lageplans sowie unter Mitteilung des Namens und der Anschrift des Bauherrn schriftlich anzuzeigen, daß eine Grenzwand errichtet werden soll. Die Anzeige an den Nutzungsberechtigten oder den unmittelbaren Besitzer des Nachbargrundstücks genügt, wenn dessen Eigentümer nicht bekannt, nur schwer feststellbar oder unbekannten Aufenthalts ist oder wenn er infolge Aufenthalts im Ausland nicht alsbald erreichbar ist und er auch keinen Vertreter bestellt hat. Wird die Anzeige schuldhaft unterlassen, so hat der Eigentümer des zur Bebauung vorgesehenen Grundstücks dem Eigentümer des Nachbargrundstücks den daraus entstehenden Schaden zu ersetzen.

(3) Der Eigentümer des Nachbargrundstücks kann das Verlangen nach Absatz 1 nur innerhalb von zwei Monaten seit Erstattung der Anzeige dem Bauherrn gegenüber stellen.

(4) Die durch das Verlangen nach Absatz 1 entstehenden Mehrkosten sind dem Bauherrn zu erstatten, sobald der Vergütungsanspruch des Bauunternehmers gegen den Bauherrn fällig wird. In Höhe der voraussichtlich erwachsenden Mehrkosten ist auf Verlangen binnen zwei Wochen Vorschuß zu leisten. Der Vorschuß ist bis zu seiner Verwendung mit 4% zugunsten des Zahlenden zu verzinsen. Der Anspruch auf die besondere Gründung erlischt, wenn der Vorschuß nicht fristgerecht geleistet wird.

(5) Soweit der Bauherr die besondere Gründung auch zum Vorteil seiner baulichen Anlage ausnutzt, beschränkt sich die Erstattungspflicht des Eigentümers des Nachbargrundstücks entsprechend. Bereits erbrachte Leistungen können zurückgefordert werden.

§ 22
Errichten einer zweiten Grenzwand

(1) Steht auf einem Grundstück eine bauliche Anlage unmittelbar an der Grenze und wird später auf dem Nachbargrundstück an dieser Grenze eine bauliche Anlage errichtet, aber ohne konstruktiven Verband angebaut, so ist deren Erbauer verpflichtet, den entstandenen Zwischenraum auf seine Kosten in geeigneter Weise so zu schließen, daß Schäden im Bereich des Zwischenraumes, insbesondere durch Gebäudebewegungen und Witterungseinflüsse, an der zuerst errichteten baulichen Anlage vermieden werden. Die hierzu notwendigen Anschlüsse haben sich hinsichtlich der verwendeten Werkstoffe der vorhandenen baulichen Anlage anzupassen.

(2) Der Erbauer ist berechtigt, auf eigene Kosten durch übergreifende Bauteile einen den öffentlich-rechtlichen Vorschriften entsprechenden Anschluß an die bestehende bauliche Anlage herzustellen.

(3) Muß der Nachbar zur Ausführung seines Bauvorhabens seine Grenzwand tiefer als die zuerst errichtete Grenzwand gründen, so darf er diese unterfangen, wenn

> 1. dies nach den allgemein anerkannten Regeln der Baukunst notwendig und

2. das Bauvorhaben öffentlich-rechtlich zulässig ist.

(4) In den Fällen der Absätze 2 und 3 gelten §§ 16 und 17 entsprechend.

§ 23
Einseitige Grenzwand

Bauteile, die in den Luftraum eines Grundstücks übergreifen, sind zu dulden, wenn

> 1. nach den öffentlich-rechtlichen Vorschriften nur auf dem Nachbargrundstück bis an die Grenze gebaut werden darf,
>
> 2. die übergreifenden Bauteile öffentlich-rechtlich zulässig sind,
>
> 3. sie die Benutzung des anderen Grundstücks nicht oder nur unwesentlich beeinträchtigen und
>
> 4. sie nicht zur Vergrößerung der Nutzfläche dienen.

§ 23a (Fn 9)
Wärmedämmung und Grenzständige Gebäude

(1) Der Eigentümer bzw. die Eigentümerin eines Grundstücks hat die Überbauung seines bzw. ihres Grundstücks aufgrund von Maßnahmen, die an bestehenden Gebäuden für Zwecke der Wärmedämmung vorgenommen werden, zu dulden, wenn diese über die Bauteileanforderungen in der Energieeinsparverordnung vom 24. Juli 2007 (BGBl. I S. 1519), geändert durch Verordnung vom 29. April 2009 (BGBl. I S. 954), in der jeweils geltenden Fassung nicht hinausgeht, eine vergleichbare Wärmedämmung auf andere Weise mit

vertretbarem Aufwand nicht vorgenommen werden kann und die Überbauung die Benutzung des Grundstücks nicht oder nur unwesentlich beeinträchtigt. Eine wesentliche Beeinträchtigung ist insbesondere dann anzunehmen, wenn die Überbauung die Grenze zum Nachbargrundstück in der Tiefe um mehr als 0,25 m überschreitet. Die Duldungspflicht nach Satz 1 erstreckt sich auch auf die mit der Wärmedämmung zusammenhängenden notwendigen Änderungen von Bauteilen.

(2) Im Falle der Wärmedämmung ist der bzw. die duldungsverpflichtete Nachbar/in berechtigt, die Beseitigung der Wärmedämmung zu verlangen, wenn und soweit er bzw. sie selbst zulässigerweise an die Grenzwand anbauen will.

(3) Der bzw. die Begünstigte muss die Wärmedämmung in einem ordnungsgemäßen und funktionsgerechten Zustand erhalten. Er bzw. sie ist zur baulichen Unterhaltung der wärmegedämmten Grenzwand verpflichtet.

(4) Die §§ 21 Abs. 2 und 3, 23 Nr. 2. bis 4. und § 24 gelten entsprechend mit der Maßgabe, dass die Anzeige Art und Umfang der Baumaßnahme umfassen muss.

(5) Dem bzw. der Eigentümer/in des betroffenen Grundstücks ist ein angemessener Ausgleich in Geld zu leisten. Die Ausgleichszahlung darf die Höhe des Bodenrichtwertes nicht übersteigen. Sofern nichts anderes vereinbart wird gelten die §§ 912 Abs. 2, 913, 914 und 915 BGB entsprechend.

(6) Die Absätze 1 bis 5 gelten für die Nachbarwand gem. §§ 7, 8 entsprechend.

V. Abschnitt

Hammerschlags- und Leiterrecht

§ 24
Inhalt und Umfang

(1) Der Eigentümer und die Nutzungsberechtigten müssen dulden, daß ihr Grundstück einschließlich der baulichen Anlagen zum Zwecke von Bau- oder Instandsetzungsarbeiten auf dem Nachbargrundstück vorübergehend betreten und benutzt wird, wenn und soweit

> 1. die Arbeiten anders nicht zweckmäßig oder nur mit unverhältnismäßig hohen Kosten durchgeführt werden können,
>
> 2. die mit der Duldung verbundenen Nachteile oder Belästigungen nicht außer Verhältnis zu dem von dem Berechtigten erstrebten Vorteil stehen,
>
> 3. ausreichende Vorkehrungen zur Minderung der Nachteile und Belästigungen getroffen werden und
>
> 4. das Vorhaben öffentlich-rechtlichen Vorschriften nicht widerspricht.

(2) Das Recht ist so schonend wie möglich auszuüben. Es darf nicht zur Unzeit geltend gemacht werden.

(3) Für die Anzeige und die Verpflichtung zum Schadensersatz gelten die §§ 16 und 17 entsprechend.

(4) Absatz 1 findet auf die Eigentümer öffentlicher Verkehrsflächen keine Anwendung.

§ 25
Nutzungsentschädigung

(1) Wer ein Grundstück länger als einen Monat gemäß § 24 benutzt, hat für die darüber hinausgehende Zeit der Benutzung eine Entschädigung in Höhe der ortsüblichen Miete für einen dem benutzten Grundstücksteil vergleichbaren Lagerplatz zu zahlen. Die Entschädigung ist nach Ablauf je eines Monats fällig.

(2) Die Entschädigung kann nicht verlangt werden, soweit Ersatz für entgangene anderweitige Nutzung gefordert wird.

VI. Abschnitt
Höherführen von Schornsteinen, Lüftungsleitungen und Antennenanlagen

§ 26
Inhalt und Umfang

(1) Der Eigentümer und die Nutzungsberechtigten eines Grundstücks müssen dulden, daß an ihrem höheren Gebäude der Eigentümer und die Nutzungsberechtigten des angrenzenden niederen Gebäudes ihre Schornsteine, Lüftungsleitungen und Antennenanlagen befestigen, wenn

> 1. die Erhöhung der Schornsteine und Lüftungsleitungen für die notwendige Zug- und Saugwirkung und die Erhöhung der Antennenanlagen für einen einwandfreien Empfang von Sendungen erforderlich ist und

2. die Befestigung der höhergeführten Schornsteine, Lüftungsleitungen und Antennenanlagen anders nicht zweckmäßig oder nur mit unverhältnismäßig hohen Kosten durchgeführt werden kann.

(2) Der Eigentümer und die Nutzungsberechtigten des betroffenen Grundstücks müssen ferner dulden,

1. daß die unter den Voraussetzungen des Absatzes 1 höhergeführten und befestigten Schornsteine, Lüftungsleitungen und Antennenanlagen des Nachbargrundstücks von ihrem Grundstück aus unterhalten und gereinigt werden, soweit das erforderlich ist, und

2. daß die hierzu notwendigen Einrichtungen angebracht werden.

(3) Für die Anzeige und die Verpflichtung zum Schadensersatz gelten die §§ 16 und 17 entsprechend. Die Absicht, notwendige Wartungs- und Reparaturarbeiten auszuführen, braucht nicht angezeigt zu werden. Zur Unzeit brauchen diese Arbeiten nicht geduldet zu werden.

(4) Absätze 1 und 2 gelten für Antennenanlagen nicht, wenn dem Eigentümer und den Nutzungsberechtigten des niederen Gebäudes die Mitbenutzung der dazu geeigneten Antennenanlage des höheren Gebäudes gestattet wird.

VII. Abschnitt
Dachtraufe

§ 27
Niederschlagwasser

(1) Bauliche Anlagen sind so einzurichten, daß Niederschlagwasser nicht auf das Nachbargrundstück tropft, auf dieses abgeleitet wird oder übertritt.

(2) Absatz 1 findet keine Anwendung auf freistehende Mauern entlang öffentlicher Verkehrsflächen und öffentlicher Grünflächen.

§ 28
Anbringen von Sammel- und Abflußeinrichtungen

(1) Der Eigentümer und die Nutzungsberechtigten eines Grundstücks, die aus besonderem Rechtsgrund verpflichtet sind, das von den baulichen Anlagen eines Nachbargrundstücks tropfende oder abgeleitete oder von dem Nachbargrundstück übertretende Niederschlagwasser aufzunehmen, sind berechtigt, auf eigene Kosten besondere Sammel- und Abflußeinrichtungen an der baulichen Anlage des traufberechtigten Nachbarn anzubringen, wenn die damit verbundene Beeinträchtigung nicht erheblich ist. Sie haben diese Einrichtungen zu unterhalten.

(2) Für die Anzeige und die Verpflichtung zum Schadensersatz gelten die §§ 16 und 17 entsprechend.

VIII. Abschnitt
Abwässer

§ 29

Bauliche Anlagen sind so einzurichten, daß Abwässer und andere Flüssigkeiten nicht auf das Nachbargrundstück übertreten.

IX. Abschnitt
Bodenerhöhungen, Aufschichtungen und sonstige Anlagen

§ 30
Bodenerhöhungen

(1) Wer den Boden seines Grundstücks über die Oberfläche des Nachbargrundstücks erhöht, muß einen solchen Grenzabstand einhalten oder solche Vorkehrungen treffen und unterhalten, daß eine Schädigung des Nachbargrundstücks insbesondere durch Abstürzen oder Abschwemmen des Bodens ausgeschlossen ist. Die Verpflichtung geht auf den Rechtsnachfolger über.

(2) Auf den Grenzabstand ist § 36 Abs. 2 Satz 1 und 2 Buchstabe b), Abs. 3 bis 5 sinngemäß anzuwenden.

§ 31
Aufschichtungen und sonstige Anlagen

(1) Mit Aufschichtungen von Holz, Steinen, Stroh und dergleichen sowie sonstigen mit dem Grundstück nicht fest verbundenen Anlagen, die nicht über 2 m hoch sind, ist ein Mindestabstand von 0,50 m von der Grenze einzuhalten. Sind sie höher, so muß der Abstand um so viel über 0,50 m betragen, als ihre Höhe daß Maß von 2 m übersteigt.

(2) Absatz 1 gilt nicht

    a) für Baugerüste;

    b) für Aufschichtungen und Anlagen, die

        aa) eine Wand oder geschlossene Einfriedigung nicht überragen;

        bb) als Stützwand oder Einfriedigung dienen;

    c) für gewerbliche Lagerplätze;

    d) gegenüber Grenzen zu öffentlichen Verkehrsflächen, zu öffentlichen Grünflächen und zu oberirdischen Gewässern von mehr als 0,50 m Breite (Mittelwasserstand).

X. Abschnitt
Einfriedigungen

§ 32
Einfriedigungspflicht

(1) Innerhalb eines im Zusammenhang bebauten Ortsteils ist der Eigentümer eines bebauten oder gewerblich genutzten Grundstücks auf Verlangen des Eigentümers des Nachbargrundstücks verpflichtet, sein Grundstück an der gemeinsamen Grenze einzufriedigen. Sind beide Grundstücke bebaut oder gewerblich genutzt, so sind deren Eigentümer verpflichtet, die Einfriedigung gemeinsam zu errichten, wenn auch nur einer von ihnen die Einfriedigung verlangt. Wirkt der Nachbar nicht binnen zwei Monaten nach schriftlicher Aufforderung bei der Errichtung mit, so kann der Eigentümer die Einfriedigung allein

errichten; die in § 37 Abs. 1 geregelte Verpflichtung zur Tragung der Errichtungskosten wird dadurch nicht berührt.

(2) Stellt das Verlangen nach Absatz 1 Satz 1 der Eigentümer eines Grundstücks, das

> a) weder bebaut noch gewerblich genutzt ist, aber innerhalb des im Zusammenhang bebauten Ortsteils liegt oder
>
> b) in einem Bebauungsplan als Bauland festgesetzt ist,

so ist er berechtigt, bei der Errichtung der Einfriedigung mitzuwirken.

(3) Als gewerblich genutzt im Sinne der Absätze 1 und 2 gilt nicht ein Grundstück, das erwerbsgärtnerisch genutzt wird.

§ 33
Einfriedigungspflicht des Störers

Gehen unzumutbare Beeinträchtigungen von einem bebauten oder gewerblich genutzten Grundstück aus, so hat der Eigentümer dieses auf Verlangen des Eigentümers des Nachbargrundstücks insoweiteinzufriedigen, als dadurch die Beeinträchtigungen verhindert oder, falls dies nicht möglich oder zumutbar ist, gemildert werden können.

§ 34
Ausnahmen

Eine Einfriedigungspflicht besteht nicht, wenn und soweit

> a) die Grenze mit Gebäuden besetzt ist,
>
> b) Einfriedigungen nicht zulässig sind oder

c) im Falle des § 32 in dem im Zusammenhang bebauten Ortsteil Einfriedigungen nicht üblich sind.

§ 35
Beschaffenheit

(1) Die Einfriedigung muß ortsüblich sein. Läßt sich eine ortsübliche Einfriedigung nicht feststellen, so ist eine etwa 1,20 m hohe Einfriedigung zu errichten. Schreiben öffentlich-rechtliche Vorschriften eine andere Art der Einfriedigung vor, so tritt diese an die Stelle der in Satz 1 und 2 genannten Einfriedigungsart.

(2) Bietet die Einfriedigung gemäß Absatz 1 Satz 1 oder 2 keinen angemessenen Schutz vor Beeinträchtigungen, so hat auf Verlangen des Nachbarn derjenige, von dessen Grundstück die Beeinträchtigungen ausgehen, die Einfriedigung im erforderlichen Umfang auf seine Kosten stärker oder höher auszuführen.

§ 36 (Fn 4)
Standort der Einfriedigung

(1) Die Einfriedigung ist auf der Grenze zu errichten, wenn sie

a) zwischen bebauten oder gewerblich genutzten Grundstücken

oder

b) zwischen einem bebauten oder gewerblich genutzten und einem Grundstück der in § 32 Abs. 2 genannten Art liegt.

In allen übrigen Fällen ist sie entlang der Grenze zu errichten.

(2) Die Einfriedigung muß von der Grenze eines Grundstücks, das außerhalb eines im Zusammenhang bebauten Ortsteils liegt und nicht in einem Bebauungsplan als Bauland festgesetzt ist, 0,50 m zurückbleiben, auch wenn ein Verlangen nach § 32 Abs. 1 Satz 1 oder § 33 nicht gestellt worden ist. Dies gilt nicht gegenüber Grundstücken,

      a) die in gleicher Weise wie das einzufriedigende bewirtschaftet werden oder

      b) für die nach Lage, Beschaffenheit oder Größe eine Bearbeitung mit landwirtschaftlichem Gerät nicht in Betracht kommt.

(3) Absatz 2 Satz 1 gilt nicht, wenn die Einfriedigung bei Inkrafttreten dieses Gesetzes vorhanden ist und ihr Abstand dem bisherigen Recht entspricht.

(4) Der Anspruch auf Beseitigung einer Einfriedigung, die einen geringeren als den nach Absatz 2 vorgeschriebenen Abstand einhält, ist ausgeschlossen, wenn der Nachbar nicht binnen drei Jahren nach der Errichtung Klage auf Beseitigung erhoben hat.

(5) Wird eine Einfriedigung, mit der ein geringerer als der nach Absatz 2 vorgeschriebene Abstand eingehalten wird, durch eine andere ersetzt, so gilt Absatz 2.

(6) Ist die nicht auf der Grenze zu errichtende Einfriedigung eine Hecke, so sind die für Hecken geltenden Vorschriften des XI. Abschnitts anzuwenden.

§ 37
Kosten der Errichtung

(1) Die Kosten der Errichtung der Einfriedigung tragen die beteiligten Grundstückseigentümer in den Fällen des § 32 Abs. 1 Satz 2 und Abs. 2 zu gleichen Teilen.

(2) Der Eigentümer eines Grundstücks, für den eine Verpflichtung gemäß Absatz 1 nicht entsteht, hat eine Vergütung in Höhe des halben Wertes der Einfriedigung zu zahlen, wenn

>a) das Grundstück bebaut oder gewerblich genutzt wird und es in dem im Zusammenhang bebauten Ortsteil liegt oder

>b) das Grundstück in den im Zusammenhang bebauten Ortsteil hineingewachsen ist oder in einem Bebauungsplan als Bauland festgesetzt wird und der Eigentümer oder sein Rechtsvorgänger die Errichtung der Einfriedigung verlangt hatte.

(3) Bei der Berechnung der Vergütung ist von den im Zeitpunkt der Fälligkeit üblichen Errichtungskosten einer Einfriedigung gemäß § 35 Abs. 1 auszugehen. Ist gemäß § 35 Abs. 1 Satz 2 eine etwa 1,20 m hohe Einfriedigung zu errichten, so sind die Errichtungskosten für einen 1,20 m hohen Zaun aus wetterbeständigem Maschendraht maßgebend. Ist nur für eines der beiden Grundstücke eine Einfriedigung nach § 35 Abs. 1 Satz 3 vorgeschrieben, so sind der Berechnung die Errichtungskosten einer Einfriedigung nach § 35 Abs. 1 Satz 1 oder Satz 2 zugrunde zu legen. Sind die tatsächlichen

Aufwendungen einschließlich der Eigenleistungen niedriger, so ist davon auszugehen. Das Alter und der Zustand der Einfriedigung sind zu berücksichtigen.

(4) Der Eigentümer des anderen Grundstücks darf, wenn die Voraussetzungen des Absatzes 2 vorliegen, die Einfriedigung auf die Grenze versetzen oder dort neu errichten. Der Eigentümer des angrenzenden Grundstücks hat auch in diesem Falle nur eine Vergütung gemäß Absätzen 2 und 3 zu zahlen.

(5) Gehen von einem Grundstück unzumutbare Beeinträchtigungen des Nachbargrundstücks aus, die durch eine Einfriedigung verhindert oder gemildert werden können, und wird die Errichtung der Einfriedigung ausdrücklich nur aus diesen Gründen von dem Eigentümer des Nachbargrundstücks verlangt, so ist er nicht verpflichtet, sich an den Kosten der Errichtung zu beteiligen.

§ 38
Kosten der Unterhaltung

(1) Die Kosten der Unterhaltung einer Einfriedigung tragen die beteiligten Grundstückseigentümer je zur Hälfte, wenn und sobald für sie oder ihre Rechtsvorgänger die Verpflichtung zur Tragung von Errichtungskosten begründet worden ist.

(2) § 37 Abs. 3 gilt entsprechend.

§ 39
Ausnahmen

Die §§ 32 bis 38 gelten nicht für Einfriedigungen zwischen Grundstücken und den an sie angrenzenden öffentlichen

Verkehrsflächen, öffentlichen Grünflächen und oberirdischen Gewässern.

XI. Abschnitt
Grenzabstände für Pflanzen

§ 40
Grenzabstände für Wald

(1) Auf Waldgrundstücken ist freizuhalten

    a) zu benachbarten Waldgrundstücken, Ödländereien oder Heidegrundstücken

        1. ein Streifen von 1 m Breite von jedem Baumwuchs und

        2. ein weiterer Streifen von 2 m Breite von Nadelholz über 2 m Höhe mit Ausnahme der Lärche,

    b) zu Wegen ein Streifen von 1 m Breite von Baumwuchs über 2 m Höhe,

    c) zu benachbarten landwirtschaftlich, gärtnerisch oder durch Weinbau genutzten oder zu diesen Zwecken vorübergehend nicht genutzten Grundstücken

        1. ein Streifen von 1 m Breite von jedem Baumwuchs und

        2. ein weiterer Streifen von 3 m Breite von Baumwuchs über 2 m Höhe.

Mit Pappelwald ist gegenüber den unter Buchstabe c) genannten Grundstücken ein Abstand von 6 m einzuhalten.

(2) Mit erstmalig begründetem Wald ist zu benachbarten erwerbsgärtnerisch oder durch Weinbau genutzten oder zu diesen Zwecken vorübergehend nicht genutzten Grundstücken für die Dauer von 30 Jahren das Doppelte der in Absatz 1 Buchstabe c) vorgeschriebenen Abstände einzuhalten. Für Pappelwald hat der Abstand in diesem Falle 8 m zu betragen.

(3) Durch schriftlichen Vertrag, in dem die Katasterbezeichnungen der Grundstücke anzugeben sind, kann ein von Absatz 1 und 2 abweichender Abstand des Baumwuchses von der Grenze, jedoch kein geringerer Abstand als 1 m für einen in dem Vertrag festzulegenden Zeitraum vereinbart werden. Wird ein Grundstück, auf das sich eine solche Vereinbarung bezieht, während der Dauer der Vereinbarung veräußert oder geht es durch Erbfolge oder in anderer Weise auf einen Rechtsnachfolger über, so tritt der Erwerber in die Rechte und Verpflichtungen aus der Vereinbarung ein.

§ 41
Grenzabstände für bestimmte Bäume, Sträucher und Rebstöcke

(1) Mit Bäumen außerhalb des Waldes, Sträuchern und Rebstöcken sind von den Nachbargrundstücken - vorbehaltlich des § 43 - folgende Abstände einzuhalten:

1. mit Bäumen außer den Obstgehölzen, und zwar

Bäume	Abstand
a) stark wachsenden Bäumen, insbesondere der Rotbuche (Fagus silvatica) und sämtliche Arten der Linde (Tilia), der Platane (Platanus), der Roßkastanie (Aesculus), der Eiche (Quercus) und der Pappel (Populus)	4,00 m,
b) allen übrigen Bäumen	2,00 m,

2. mit Ziersträuchern, und zwar

Ziersträucher	Abstand
a) stark wachsenden Ziersträuchern, insbesondere dem Feldahorn (Acer campestre), dem Flieder (Syringa vulgaris), dem Goldglöckchen (Forsythia intermedia), der Haselnuß (Corylus avellana), den Pfeifensträuchern - falscher Jasmin - (Philadelphus coronarius)	1,00 m,
b) allen übrigen Ziersträuchern	0,50 m,

3. mit Obstgehölzen, und zwar

Obstgehölze	Abstand
a) Kernobstbäumen, soweit sie auf stark wachsender Unterlage veredelt sind, sowie	2,00 m,

Süßkirschbäumen, Walnußbäumen und
Eßkastanienbäumen

b) Kernobstbäumen, soweit sie auf mittelstark wachsender Unterlage veredelt sind, sowie Steinobstbäumen, ausgenommen die Süßkirschbäume	1,50 m,
c) Kernobstbäumen, soweit sie auf schwach wachsender Unterlage veredelt sind	1,00 m,
d) Brombeersträuchern	1,00 m,
e) allen übrigen Beerenobststräuchern	0,50 m,

4. mit Rebstöcken, und zwar

Rebstöcke	Abstand
a) in geschlossenen Rebanlagen, deren Gesamthöhe 1,80 m übersteigt (Weitraumanlagen)	1,50 m,
b) in allen übrigen geschlossenen Rebanlagen	0,75 m,
c) einzelnen Rebstöcken	0,50 m.

(2) Ziersträucher und Beerenobststräucher dürfen in ihrer Höhe das Dreifache ihres Abstandes zum Nachbargrundstück nicht überschreiten. Strauchtriebe, die in einem geringeren als der Hälfte des vorgeschriebenen Abstandes aus dem Boden austreten, sind zu entfernen.

§ 42
Grenzabstände für Hecken

Es sind mit Hecken - vorbehaltlich des § 43 -

    a) über 2 m Höhe   1,00 m

    und

    b) bis zu 2 m Höhe   0,50 m

Abstand von der Grenze einzuhalten. Das gilt nicht, wenn das öffentliche Recht andere Grenzabstände vorschreibt.

§ 43
Verdoppelung der Abstände

Die doppelten Abstände nach den §§ 41 und 42, höchstens jedoch 6 m, sind einzuhalten gegenüber Grundstücken, die

    a) landwirtschaftlich, gärtnerisch oder durch Weinbau genutzt oder zu diesen Zwecken vorübergehend nicht genutzt sind und im Außenbereich (§ 19 Abs. 2 des Bundesbaugesetzes) liegen oder

b) durch Bebauungsplan der landwirtschaftlichen, gärtnerischen oder weinbaulichen Nutzung vorbehalten sind.

§ 44
Baumschulen

Es sind mit Baumschulbeständen

Baumschulbestände	Abstand
a) über 2 m Höhe	2,00 m,
b) bis zu 2 m Höhe	1,00 m

und

c) bis zu 1 m Höhe	0,50 m

Abstand von der Grenze einzuhalten.

§ 45 (Fn 3)
Ausnahmen

(1) Die §§ 40 bis 44 gelten nicht für

a) Anpflanzungen an den Grenzen zu öffentlichen Verkehrsflächen, zu öffentlichen Grünflächen und zu oberirdischen Gewässern von mehr als 4 m Breite (Mittelwasserstand),

b) Anpflanzungen auf öffentlichen Verkehrsflächen,

c) Anpflanzungen, die hinter einer geschlossenen Einfriedigung vorgenommen werden und diese nicht überragen; als geschlossen im Sinne dieser Vorschrift gilt auch eine Einfriedigung, deren Bauteile breiter sind als die Zwischenräume,

d) Windschutzstreifen und ähnliche, dem gleichen Zweck dienende Hecken und Baumbestände außerhalb von Waldungen,

e) Anpflanzungen, die bei Inkrafttreten dieses Gesetzes vorhanden sind und deren Abstand dem bisherigen Recht entspricht.

f) die in einem auf Grund des Landesnaturschutzgesetzes vom 21. Juli 2000 (**GV. NRW. S. 568**), das durch Artikel 1 des Gesetzes vom 15. November 2016 (**GV. NRW. S. 934**) neu gefasst worden ist, erlassenen rechtsverbindlichen Landschaftsplan vorgesehenen Anpflanzungen von Flurgehölzen, Hecken, Schutzpflanzungen, Alleen, Baumgruppen und Einzelbäumen.

(2) § 40 Abs. 1 Buchstabe a) Nr. 1 und 2 gilt nicht, soweit gemäß dem Forstrecht nach gemeinsamen Betriebsplänen unabhängig von den Eigentumsgrenzen gewirtschaftet wird.

(3) Wird für die in Absatz 1 Buchstabe e) genannten Anpflanzungen eine Ersatzanpflanzung vorgenommen, so gelten die §§ 40 bis 44 und 46.

(4) Absätze 1 und 2 gelten auch für Bewuchs, der durch Aussamung oder Auswuchs entstanden ist.

§ 46
Berechnung des Abstandes

Der Abstand wird von der Mitte des Baumstammes, des Strauches oder des Rebstockes waagerecht und rechtwinklig zur Grenze gemessen, und zwar an der Stelle, an der der Baum, der Strauch oder der Rebstock aus dem Boden austritt. Bei Hecken ist von der Seitenfläche aus zu messen.

§ 47 (Fn 5)
Ausschluß des Beseitigungsanspruchs

(1) Der Anspruch auf Beseitigung einer Anpflanzung, mit der ein geringerer als der in den §§ 40 bis 44 und 46 vorgeschriebene Abstand eingehalten wird, ist ausgeschlossen, wenn der Nachbar nicht binnen sechs Jahren nach dem Anpflanzen Klage auf Beseitigung erhoben hat. Der Anspruch unterliegt nicht der Verjährung.

(2) § 45 Abs. 3 und 4 gilt entsprechend.

§ 48
Nachträgliche Grenzänderungen

Die Rechtmäßigkeit des Abstandes wird durch nachträgliche Grenzänderungen nicht berührt; jedoch gilt § 45 Abs. 3 und 4 entsprechend.

XII. Abschnitt
Allgemeine Vorschriften

§ 49
Anwendungsbereich des Gesetzes

(1) Die Vorschriften dieses Gesetzes gelten - unbeschadet von § 40 - nur, soweit die Beteiligten nichts anderes vereinbaren und eine solche Vereinbarung anderen Vorschriften nicht widerspricht. Die in diesem Gesetz vorgeschriebene Schriftform kann nicht abbedungen werden.

(2) Öffentlich-rechtliche Vorschriften werden durch dieses Gesetz nicht berührt.

§ 50
Schutz der Nachbarrechte

Werden Vorschriften dieses Gesetzes verletzt, so kann der Eigentümer des Nachbargrundstücks, sofern dieses Gesetz keine Regelung trifft, Ansprüche auf Grund der Vorschriften des Bürgerlichen Gesetzbuchs geltend machen.

§ 51 (Fn 6)
Verjährung

(aufgehoben)

§ 52
Stellung des Erbbauberechtigten

Der Erbbauberechtigte tritt an die Stelle des Eigentümers des Grundstücks.

XIII. Abschnitt
Schlußbestimmungen

§ 53 (Fn 7)
Übergangsvorschriften

(1) Der Umfang von Rechten, die bei Inkrafttreten dieses Gesetzes bestehen, richtet sich - unbeschadet der §§ 2 Buchstabe d) und e), 5 Buchstabe d), 36 Abs. 3 und 45 Abs. 1 Buchstabe e) - nach den Vorschriften dieses Gesetzes.

(2) Die Verjährung von Ansprüchen auf Schadensersatz und anderen, auf Geld gerichteten Ansprüchen nach diesem Gesetz, die am 1. Mai 2004 bestehen und noch nicht verjährt sind, richtet sich allein nach den Vorschriften des Bürgerlichen Gesetzbuchs. Der Beginn der Verjährung bestimmt sich jedoch für die Zeit vor dem 1. Mai 2004 nach § 51 dieses Gesetzes in der bis zu diesem Tag geltenden Fassung. Ist die Verjährungsfrist nach dem Bürgerlichen Gesetzbuch kürzer als nach § 51 dieses Gesetzes in der bis zum 1. Mai 2004 geltenden Fassung, so wird die kürzere Frist von dem 1. Mai 2004 an berechnet. Läuft jedoch die in § 51 dieses Gesetzes in der bis zum 1. Mai 2004 geltenden Fassung bestimmte längere Frist früher als die im Bürgerlichen Gesetzbuch bestimmte kürzere Frist ab, so ist die Verjährung mit dem Ablauf der längeren Frist vollendet.

§ 54
Außerkrafttreten von Vorschriften

Die diesem Gesetz entgegenstehenden Vorschriften werden aufgehoben. Namentlich werden folgende Vorschriften aufgehoben, soweit sie nicht bereits außer Kraft getreten sind:

1. Erster Teil, Achter Titel §§ 125 bis 131, 133, 137 bis 140, 142 bis 144, 146 bis 148, 152, 153, 155, 156, 162 bis 167, 169 bis 174, 185, 186, Zweiundzwanzigster Titel §§ 55 bis 62 des Allgemeinen Landrechts für die Preußischen Staaten vom 5. Februar 1794;

2. Artikel 23 §§ 1 bis 3 des Preußischen Ausführungsgesetzes zum Bürgerlichen Gesetzbuch vom 20. September 1899 (PrGS. NW. S. 105);

3. Artikel 671, 672 Abs. 1, 674 bis 681 des Rheinischen Bürgerlichen Gesetzbuchs (Code civil);

4. Gesetz über das forstliche Nachbarrecht vom 25. Juni 1962 (GV. NW. S. 371).

§ 55 (Fn 8) (Fn 10)
Inkrafttreten

Dieses Gesetz tritt am 1. Juli 1969 in Kraft.

Die Landesregierung
des Landes Nordrhein-Westfalen

Fußnoten
:
Fn 1   GV. NW. 1969 S. 190, geändert durch § 64 Landschaftsgesetz v. 18. 2. 1975 (GV. NW. S. 190), 7. 3. 1995 (GV. NW. S. 193); Artikel 6 des Gesetzes v. 16.3.2004 (**GV. NRW. S. 135**), in Kraft getreten am 1. Mai 2004; Artikel 248 des Zweiten Befristungsgesetzes vom 5.4.2005 (**GV. NRW. S. 274**), in Kraft getreten am 28. April 2005; Artikel 1 des Gesetzes vom 24. Mai 2011 (**GV. NRW. S. 272**), in Kraft getreten am 4. Juni 2011; Artikel 5 des Gesetzes vom 4. Februar 2014 (**GV. NRW. S. 104**), in Kraft getreten am 27. Februar 2014; Artikel 12 des Gesetzes vom 15. November 2016 (**GV. NRW. S. 934**), in Kraft getreten am 25. November 2016.

Fn 2   § 2 geändert durch Gesetz v. 7. 3. 1995 (GV. NW. S. 193); GV. NW. ausgegeben am 30. März 1995.

Fn 3   § 45 Abs. 1 Buchst. f eingefügt durch Gesetz v. 18. 2. 1975 (GV. NW. S. 190); in Kraft getreten am 1. April 1975; geändert durch Artikel 12 des Gesetzes vom 15. November 2016 (**GV. NRW. S. 934**), in Kraft getreten am 25. November 2016.

Fn 4   Normüberschrift, § 3 Abs. 1 u. § 36 Abs. 4 geändert durch Artikel 6 des Gesetzes v. 16.3.2004 (**GV. NRW. S. 135**); in Kraft getreten am 1. Mai 2004.

Fn 5   § 47 Abs. 1 neu gefasst durch Artikel 6 des Gesetzes v. 16.3.2004 (**GV. NRW. S. 135**); in Kraft getreten am 1. Mai 2004.

Fn 6   § 51 aufgehoben durch Artikel 6 des Gesetzes v. 16.3.2004 (**GV. NRW. S. 135**); in Kraft getreten am 1. Mai 2004.

Fn 7 § 53 Abs. 2 angefügt durch Artikel 6 des Gesetzes v. 16.3.2004 (**GV. NRW. S. 135**); in Kraft getreten am 1. Mai 2004.

Fn 8 § 55 Abs. 2 angefügt durch Artikel 248 des Zweiten Befristungsgesetzes vom 5.4.2005 (**GV. NRW. S. 274**); in Kraft getreten am 28. April 2005; geändert durch Artikel 1 des Gesetzes vom 24. Mai 2011 (**GV. NRW. S. 272**), in Kraft getreten am 4. Juni 2011; aufgehoben durch Artikel 5 des Gesetzes vom 4. Februar 2014 (**GV. NRW. S. 104**), in Kraft getreten am 27. Februar 2014.

Fn 9 § 23a eingefügt durch Artikel 1 des Gesetzes vom 24. Mai 2011 (**GV. NRW. S. 272**), in Kraft getreten am 4. Juni 2011.

Fn 10 § 55 zuletzt geändert durch Artikel 5 des Gesetzes vom 4. Februar 2014 (**GV. NRW. S. 104**), in Kraft getreten am 27. Februar 2014

Bürgerliches Gesetzbuch (BGB)

BGB

Ausfertigungsdatum: 18.08.1896

"Bürgerliches Gesetzbuch in der Fassung der Bekanntmachung vom 2. Januar 2002 (BGBl. I S. 42, 2909; 2003 I S. 738), das zuletzt durch Artikel 1 des Gesetzes vom 20. Juli 2017 (BGBl. I S. 2787) geändert worden ist". Neugefasst durch Bek. v. 2.1.2002 I 42, 2909; 2003, 738; zuletzt geändert durch Art. 1 G v. 20.7.2017 I 2787.

Dieses Gesetz dient der Umsetzung folgender Richtlinien:

1.
   Richtlinie 76/207/EWG des Rates vom 9. Februar 1976 zur Verwirklichung des Grundsatzes der Gleichbehandlung von Männern und Frauen hinsichtlich des Zugangs zur Beschäftigung, zur Berufsbildung und zum beruflichen Aufstieg sowie in Bezug auf die Arbeitsbedingungen (ABl. EG Nr. L 39 S. 40),

2.
   Richtlinie 77/187/EWG des Rates vom 14. Februar 1977 zur Angleichung der Rechtsvorschriften der Mitgliedstaaten über die Wahrung von Ansprüchen der Arbeitnehmer beim Übergang von Unternehmen, Betrieben oder Betriebsstellen (ABl. EG Nr. L 61 S. 26),

3.

Richtlinie 85/577/EWG des Rates vom 20. Dezember 1985 betreffend den Verbraucherschutz im Falle von außerhalb von Geschäftsräumen geschlossenen Verträgen (ABl. EG Nr. L 372 S. 31),

4.

Richtlinie 87/102/EWG des Rates zur Angleichung der Rechts- und Verwaltungsvorschriften der Mitgliedstaaten über den Verbraucherkredit (ABl. EG Nr. L 42 S. 48), zuletzt geändert durch die Richtlinie 98/7/EG des Europäischen Parlaments und des Rates vom 16. Februar 1998 zur Änderung der Richtlinie 87/102/EWG zur Angleichung der Rechts- und Verwaltungsvorschriften der Mitgliedstaaten über den Verbraucherkredit (ABl. EG Nr. L 101 S. 17),

5.

Richtlinie 90/314/EWG des Europäischen Parlaments und des Rates vom 13. Juni 1990 über Pauschalreisen (ABl. EG Nr. L 158 S. 59),

6.

Richtlinie 93/13/EWG des Rates vom 5. April 1993 über missbräuchliche Klauseln in Verbraucherverträgen (ABl. EG Nr. L 95 S. 29),

7.

Richtlinie 94/47/EG des Europäischen Parlaments und des Rates vom 26. Oktober 1994 zum Schutz der Erwerber im Hinblick auf bestimmte Aspekte von Verträgen über den Erwerb von Teilzeitnutzungsrechten an Immobilien (ABl. EG Nr. L 280 S. 82),

8.

der Richtlinie 97/5/EG des Europäischen Parlaments und des Rates vom 27. Januar 1997 über grenzüberschreitende Überweisungen (ABl. EG Nr. L 43 S. 25),

9.

Richtlinie 97/7/EG des Europäischen Parlaments und des Rates vom 20. Mai 1997 über den Verbraucherschutz bei Vertragsabschlüssen im Fernabsatz (ABl. EG Nr. L 144 S. 19),

10.
Artikel 3 bis 5 der Richtlinie 98/26/EG des Europäischen Parlaments und des Rates über die Wirksamkeit von Abrechnungen in Zahlungs- und Wertpapierliefer- und -abrechnungssystemen vom 19. Mai 1998 (ABl. EG Nr. L 166 S. 45),

11.
Richtlinie 1999/44/EG des Europäischen Parlaments und des Rates vom 25. Mai 1999 zu bestimmten Aspekten des Verbrauchsgüterkaufs und der Garantien für Verbrauchsgüter (ABl. EG Nr. L 171 S. 12),

12.
Artikel 10, 11 und 18 der Richtlinie 2000/31/EG des Europäischen Parlaments und des Rates vom 8. Juni 2000 über bestimmte rechtliche Aspekte der Dienste der Informationsgesellschaft, insbesondere des elektronischen Geschäftsverkehrs, im Binnenmarkt ("Richtlinie über den elektronischen Geschäftsverkehr", ABl. EG Nr. L 178 S. 1),

13.
Richtlinie 2000/35/EG des Europäischen Parlaments und des Rates vom 29. Juni 2000 zur Bekämpfung von Zahlungsverzug im Geschäftsverkehr (ABl. EG Nr. L 200 S. 35).

Fußnote

(+++ Textnachweis Geltung ab: 1.1.1980 +++)
(+++ Maßgaben aufgrund EinigVtr vgl. BGB Anhang EV;
   nicht mehr anzuwenden +++)
(+++ Zur Anwendung im Beitrittsgebiet vgl. BGBEG Sechster Teil

(Art. 230 bis Art. 235) +++)
(+++ Zur Anwendung d. § 1906 Abs. 3 vgl. BVerfGE vom 26.7.2016
- 1 BvL 8/15 - +++)
(+++ Zur Anwendung d. § 311b Abs. 2 vgl. § 184 Satz 2 KAGB +++)
(+++ Zur Anwendung d. §§ 271, 286, 288, 308 u. 310 vgl. § 34 BGBEG +++)
(+++ Zur Nichtanwendung d. §§ 313, 314, 489, 490, 723 bis 725, 727, 728
vgl. § 10 Abs. 5 KredWG +++)
(+++ Zur Nichtanwendung d. §§ 556d, 556e vgl. § 556f u. § 35 BGBEG +++)
(+++ Zur Anwendung d. §§ 556d bis 556g vgl. §§ 557a, 557b +++)
(+++ Zur Nichtanwendung d. §§ 556f, 556g, 557a Abs. 4 u. 557b Abs. 4
vgl. § 35 BGBEG +++)
(+++ Zur Nichtanwendung d. §§ 814, 817 Satz 2 vgl. § 556g Abs. 1 +++)
(+++ Amtliche Hinweise des Normgebers auf EG-Recht:
Umsetzung der
EWGRL 207/76 (CELEX Nr: 376L0207)
EWGRL 187/77 (CELEX Nr: 377L0187)
EWGRL 577/85 (CELEX Nr: 385L0577)
EWGRL 102/87 (CELEX Nr: 387L0102)
EWGRL 314/90 (CELEX Nr: 390L0314)
EWGRL 13/93 (CELEX Nr: 393L0013)
EGRL 47/94   (CELEX Nr: 394L0047)
EGRL 5/97   (CELEX Nr: 397L0005)
EGRL 7/97   (CELEX Nr: 397L0007)
EGRL 26/98   (CELEX Nr: 398L0026)
EGRL 44/99   (CELEX Nr: 399L0044)
EGRL 31/2000 (CELEX Nr: 300L0031)
EGRL 35/2000 (CELEX Nr: 300L0035) vgl. Bek. v. 2.1.2002 I 42
Umsetzung der

EGRL 23/2001 (CELEX Nr: 301L0023) vgl. G v. 23.3.2002 I 1163
Umsetzung der
EGRL 7/97 (CELEX Nr: 397L0007) vgl. G v. 27.7.2011 I 1600 +++)

Abschnitt 3
Eigentum

Titel 1
Inhalt des Eigentums

-

§ 903 Befugnisse des Eigentümers

Der Eigentümer einer Sache kann, soweit nicht das Gesetz oder Rechte Dritter entgegenstehen, mit der Sache nach Belieben verfahren und andere von jeder Einwirkung ausschließen. Der Eigentümer eines Tieres hat bei der Ausübung seiner Befugnisse die besonderen Vorschriften zum Schutz der Tiere zu beachten.

-

§ 904 Notstand

Der Eigentümer einer Sache ist nicht berechtigt, die Einwirkung eines anderen auf die Sache zu verbieten, wenn die Einwirkung zur Abwendung einer gegenwärtigen Gefahr notwendig und der drohende Schaden gegenüber dem aus der Einwirkung dem Eigentümer entstehenden Schaden unverhältnismäßig groß ist. Der Eigentümer kann Ersatz des ihm entstehenden Schadens verlangen.

§ 905 Begrenzung des Eigentums

Das Recht des Eigentümers eines Grundstücks erstreckt sich auf den Raum über der Oberfläche und auf den Erdkörper unter der Oberfläche. Der Eigentümer kann jedoch Einwirkungen nicht verbieten, die in solcher Höhe oder Tiefe vorgenommen werden, dass er an der Ausschließung kein Interesse hat.

§ 906 Zuführung unwägbarer Stoffe

(1) Der Eigentümer eines Grundstücks kann die Zuführung von Gasen, Dämpfen, Gerüchen, Rauch, Ruß, Wärme, Geräusch, Erschütterungen und ähnliche von einem anderen Grundstück ausgehende Einwirkungen insoweit nicht verbieten, als die Einwirkung die Benutzung seines Grundstücks nicht oder nur unwesentlich beeinträchtigt. Eine unwesentliche Beeinträchtigung liegt in der Regel vor, wenn die in Gesetzen oder Rechtsverordnungen festgelegten Grenz- oder Richtwerte von den nach diesen Vorschriften ermittelten und bewerteten Einwirkungen nicht überschritten werden. Gleiches gilt für Werte in allgemeinen Verwaltungsvorschriften, die nach § 48 des Bundes-Immissionsschutzgesetzes erlassen worden sind und den Stand der Technik wiedergeben.

(2) Das Gleiche gilt insoweit, als eine wesentliche Beeinträchtigung durch eine ortsübliche Benutzung des anderen Grundstücks herbeigeführt wird und nicht durch Maßnahmen verhindert werden kann, die Benutzern dieser Art wirtschaftlich zumutbar sind. Hat der Eigentümer hiernach eine Einwirkung zu dulden, so kann er von dem Benutzer des anderen Grundstücks einen angemessenen Ausgleich in Geld verlangen, wenn die Einwirkung eine ortsübliche Benutzung seines Grundstücks oder dessen Ertrag über das zumutbare Maß hinaus beeinträchtigt.

(3) Die Zuführung durch eine besondere Leitung ist unzulässig.
-

§ 907 Gefahr drohende Anlagen

(1) Der Eigentümer eines Grundstücks kann verlangen, dass auf den Nachbargrundstücken nicht Anlagen hergestellt oder gehalten werden, von denen mit Sicherheit vorauszusehen ist, dass ihr Bestand oder ihre Benutzung eine unzulässige Einwirkung auf sein Grundstück zur Folge hat. Genügt eine Anlage den landesgesetzlichen Vorschriften, die einen bestimmten Abstand von der Grenze oder sonstige Schutzmaßregeln vorschreiben, so kann die Beseitigung der Anlage erst verlangt werden, wenn die unzulässige Einwirkung tatsächlich hervortritt.

(2) Bäume und Sträucher gehören nicht zu den Anlagen im Sinne dieser Vorschriften.

§ 908 Drohender Gebäudeeinsturz

Droht einem Grundstück die Gefahr, dass es durch den Einsturz eines Gebäudes oder eines anderen Werkes, das mit einem Nachbargrundstück verbunden ist, oder durch die Ablösung von Teilen des Gebäudes oder des Werkes beschädigt wird, so kann der Eigentümer von demjenigen, welcher nach dem § 836 Abs. 1 oder den §§ 837, 838 für den eintretenden Schaden verantwortlich sein würde, verlangen, dass er die zur Abwendung der Gefahr erforderliche Vorkehrung trifft.

§ 909 Vertiefung

Ein Grundstück darf nicht in der Weise vertieft werden, dass der Boden des Nachbargrundstücks die erforderliche Stütze verliert, es sei denn, dass für eine genügende anderweitige Befestigung gesorgt ist.

§ 910 Überhang

(1) Der Eigentümer eines Grundstücks kann Wurzeln eines Baumes oder eines Strauches, die von einem Nachbargrundstück eingedrungen sind, abschneiden und behalten. Das Gleiche gilt von herüberragenden Zweigen, wenn der Eigentümer dem Besitzer des

Nachbargrundstücks eine angemessene Frist zur Beseitigung bestimmt hat und die Beseitigung nicht innerhalb der Frist erfolgt.

(2) Dem Eigentümer steht dieses Recht nicht zu, wenn die Wurzeln oder die Zweige die Benutzung des Grundstücks nicht beeinträchtigen.

-

§ 911 Überfall

Früchte, die von einem Baume oder einem Strauche auf ein Nachbargrundstück hinüberfallen, gelten als Früchte dieses Grundstücks. Diese Vorschrift findet keine Anwendung, wenn das Nachbargrundstück dem öffentlichen Gebrauch dient.

-

§ 912 Überbau; Duldungspflicht

(1) Hat der Eigentümer eines Grundstücks bei der Errichtung eines Gebäudes über die Grenze gebaut, ohne dass ihm Vorsatz oder grobe Fahrlässigkeit zur Last fällt, so hat der Nachbar den Überbau zu dulden, es sei denn, dass er vor oder sofort nach der Grenzüberschreitung Widerspruch erhoben hat.

(2) Der Nachbar ist durch eine Geldrente zu entschädigen. Für die Höhe der Rente ist die Zeit der Grenzüberschreitung maßgebend.

-

§ 913 Zahlung der Überbaurente

(1) Die Rente für den Überbau ist dem jeweiligen Eigentümer des Nachbargrundstücks von dem jeweiligen Eigentümer des anderen Grundstücks zu entrichten.

(2) Die Rente ist jährlich im Voraus zu entrichten.

§ 914 Rang, Eintragung und Erlöschen der Rente

(1) Das Recht auf die Rente geht allen Rechten an dem belasteten Grundstück, auch den älteren, vor. Es erlischt mit der Beseitigung des Überbaus.

(2) Das Recht wird nicht in das Grundbuch eingetragen. Zum Verzicht auf das Recht sowie zur Feststellung der Höhe der Rente durch Vertrag ist die Eintragung erforderlich.

(3) Im Übrigen finden die Vorschriften Anwendung, die für eine zugunsten des jeweiligen Eigentümers eines Grundstücks bestehende Reallast gelten.

§ 915 Abkauf

(1) Der Rentenberechtigte kann jederzeit verlangen, dass der Rentenpflichtige ihm gegen Übertragung des Eigentums an dem

überbauten Teil des Grundstücks den Wert ersetzt, den dieser Teil zur Zeit der Grenzüberschreitung gehabt hat. Macht er von dieser Befugnis Gebrauch, so bestimmen sich die Rechte und Verpflichtungen beider Teile nach den Vorschriften über den Kauf.

(2) Für die Zeit bis zur Übertragung des Eigentums ist die Rente fortzuentrichten.

-

§ 916 Beeinträchtigung von Erbbaurecht oder Dienstbarkeit

Wird durch den Überbau ein Erbbaurecht oder eine Dienstbarkeit an dem Nachbargrundstück beeinträchtigt, so finden zugunsten des Berechtigten die Vorschriften der §§ 912 bis 914 entsprechende Anwendung.

-

§ 917 Notweg

(1) Fehlt einem Grundstück die zur ordnungsmäßigen Benutzung notwendige Verbindung mit einem öffentlichen Wege, so kann der Eigentümer von den Nachbarn verlangen, dass sie bis zur Hebung des Mangels die Benutzung ihrer Grundstücke zur Herstellung der erforderlichen Verbindung dulden. Die Richtung des Notwegs und der Umfang des Benutzungsrechts werden erforderlichenfalls durch Urteil bestimmt.

(2) Die Nachbarn, über deren Grundstücke der Notweg führt, sind durch eine Geldrente zu entschädigen. Die Vorschriften des § 912 Abs. 2 Satz 2 und der §§ 913, 914, 916 finden entsprechende Anwendung.

-

§ 918 Ausschluss des Notwegrechts

(1) Die Verpflichtung zur Duldung des Notwegs tritt nicht ein, wenn die bisherige Verbindung des Grundstücks mit dem öffentlichen Wege durch eine willkürliche Handlung des Eigentümers aufgehoben wird.

(2) Wird infolge der Veräußerung eines Teils des Grundstücks der veräußerte oder der zurückbehaltene Teil von der Verbindung mit dem öffentlichen Wege abgeschnitten, so hat der Eigentümer desjenigen Teils, über welchen die Verbindung bisher stattgefunden hat, den Notweg zu dulden. Der Veräußerung eines Teils steht die Veräußerung eines von mehreren demselben Eigentümer gehörenden Grundstücken gleich.

-

§ 919 Grenzabmarkung

(1) Der Eigentümer eines Grundstücks kann von dem Eigentümer eines Nachbargrundstücks verlangen, dass dieser zur Errichtung fester Grenzzeichen und, wenn ein Grenzzeichen verrückt oder unkenntlich geworden ist, zur Wiederherstellung mitwirkt.

(2) Die Art der Abmarkung und das Verfahren bestimmen sich nach den Landesgesetzen; enthalten diese keine Vorschriften, so entscheidet die Ortsüblichkeit.

(3) Die Kosten der Abmarkung sind von den Beteiligten zu gleichen Teilen zu tragen, sofern nicht aus einem zwischen ihnen bestehenden Rechtsverhältnis sich ein anderes ergibt.

-

§ 920 Grenzverwirrung

(1) Lässt sich im Falle einer Grenzverwirrung die richtige Grenze nicht ermitteln, so ist für die Abgrenzung der Besitzstand maßgebend. Kann der Besitzstand nicht festgestellt werden, so ist jedem der Grundstücke ein gleich großes Stück der streitigen Fläche zuzuteilen.

(2) Soweit eine diesen Vorschriften entsprechende Bestimmung der Grenze zu einem Ergebnis führt, das mit den ermittelten Umständen, insbesondere mit der feststehenden Größe der Grundstücke, nicht übereinstimmt, ist die Grenze so zu ziehen, wie es unter Berücksichtigung dieser Umstände der Billigkeit entspricht.

-

§ 921 Gemeinschaftliche Benutzung von Grenzanlagen

Werden zwei Grundstücke durch einen Zwischenraum, Rain, Winkel, einen Graben, eine Mauer, Hecke, Planke oder eine andere

Einrichtung, die zum Vorteil beider Grundstücke dient, voneinander geschieden, so wird vermutet, dass die Eigentümer der Grundstücke zur Benutzung der Einrichtung gemeinschaftlich berechtigt seien, sofern nicht äußere Merkmale darauf hinweisen, dass die Einrichtung einem der Nachbarn allein gehört.

-

§ 922 Art der Benutzung und Unterhaltung

Sind die Nachbarn zur Benutzung einer der in § 921 bezeichneten Einrichtungen gemeinschaftlich berechtigt, so kann jeder sie zu dem Zwecke, der sich aus ihrer Beschaffenheit ergibt, insoweit benutzen, als nicht die Mitbenutzung des anderen beeinträchtigt wird. Die Unterhaltungskosten sind von den Nachbarn zu gleichen Teilen zu tragen. Solange einer der Nachbarn an dem Fortbestand der Einrichtung ein Interesse hat, darf sie nicht ohne seine Zustimmung beseitigt oder geändert werden. Im Übrigen bestimmt sich das Rechtsverhältnis zwischen den Nachbarn nach den Vorschriften über die Gemeinschaft.

-

§ 923 Grenzbaum

(1) Steht auf der Grenze ein Baum, so gebühren die Früchte und, wenn der Baum gefällt wird, auch der Baum den Nachbarn zu gleichen Teilen.

(2) Jeder der Nachbarn kann die Beseitigung des Baumes verlangen. Die Kosten der Beseitigung fallen den Nachbarn zu gleichen Teilen zur Last. Der Nachbar, der die Beseitigung verlangt, hat jedoch die Kosten allein zu tragen, wenn der andere auf sein Recht an dem Baume verzichtet; er erwirbt in diesem Falle mit der Trennung das Alleineigentum. Der Anspruch auf die Beseitigung ist ausgeschlossen, wenn der Baum als Grenzzeichen dient und den Umständen nach nicht durch ein anderes zweckmäßiges Grenzzeichen ersetzt werden kann.

(3) Diese Vorschriften gelten auch für einen auf der Grenze stehenden Strauch.
-

§ 924 Unverjährbarkeit nachbarrechtlicher Ansprüche

Die Ansprüche, die sich aus den §§ 907 bis 909, 915, dem § 917 Abs. 1, dem § 918 Abs. 2, den §§ 919, 920 und dem § 923 Abs. 2 ergeben, unterliegen nicht der Verjährung.

Titel 2
Erwerb und Verlust des Eigentums an Grundstücken

-

§ 925 Auflassung

(1) Die zur Übertragung des Eigentums an einem Grundstück nach § 873 erforderliche Einigung des Veräußerers und des Erwerbers (Auflassung) muss bei gleichzeitiger Anwesenheit beider Teile vor einer zuständigen Stelle erklärt werden. Zur Entgegennahme der Auflassung ist, unbeschadet der Zuständigkeit weiterer Stellen, jeder Notar zuständig. Eine Auflassung kann auch in einem gerichtlichen Vergleich oder in einem rechtskräftig bestätigten Insolvenzplan erklärt werden.

(2) Eine Auflassung, die unter einer Bedingung oder einer Zeitbestimmung erfolgt, ist unwirksam.

-

§ 925a Urkunde über Grundgeschäft

Die Erklärung einer Auflassung soll nur entgegengenommen werden, wenn die nach § 311b Abs. 1 Satz 1 erforderliche Urkunde über den Vertrag vorgelegt oder gleichzeitig errichtet wird.

-

§ 926 Zubehör des Grundstücks

(1) Sind der Veräußerer und der Erwerber darüber einig, dass sich die Veräußerung auf das Zubehör des Grundstücks erstrecken soll, so erlangt der Erwerber mit dem Eigentum an dem Grundstück auch das Eigentum an den zur Zeit des Erwerbs vorhandenen Zubehörstücken,

soweit sie dem Veräußerer gehören. Im Zweifel ist anzunehmen, dass sich die Veräußerung auf das Zubehör erstrecken soll.

(2) Erlangt der Erwerber auf Grund der Veräußerung den Besitz von Zubehörstücken, die dem Veräußerer nicht gehören oder mit Rechten Dritter belastet sind, so finden die Vorschriften der §§ 932 bis 936 Anwendung; für den guten Glauben des Erwerbers ist die Zeit der Erlangung des Besitzes maßgebend.

§ 927 Aufgebotsverfahren

(1) Der Eigentümer eines Grundstücks kann, wenn das Grundstück seit 30 Jahren im Eigenbesitz eines anderen ist, im Wege des Aufgebotsverfahrens mit seinem Recht ausgeschlossen werden. Die Besitzzeit wird in gleicher Weise berechnet wie die Frist für die Ersitzung einer beweglichen Sache. Ist der Eigentümer im Grundbuch eingetragen, so ist das Aufgebotsverfahren nur zulässig, wenn er gestorben oder verschollen ist und eine Eintragung in das Grundbuch, die der Zustimmung des Eigentümers bedurfte, seit 30 Jahren nicht erfolgt ist.

(2) Derjenige, welcher den Ausschließungsbeschluss erwirkt hat, erlangt das Eigentum dadurch, dass er sich als Eigentümer in das Grundbuch eintragen lässt.

(3) Ist vor dem Erlass des Ausschließungsbeschlusses ein Dritter als Eigentümer oder wegen des Eigentums eines Dritten ein Widerspruch gegen die Richtigkeit des Grundbuchs eingetragen worden, so wirkt der Ausschließungsbeschluss nicht gegen den Dritten.

-

§ 928 Aufgabe des Eigentums, Aneignung des Fiskus

(1) Das Eigentum an einem Grundstück kann dadurch aufgegeben werden, dass der Eigentümer den Verzicht dem Grundbuchamt gegenüber erklärt und der Verzicht in das Grundbuch eingetragen wird.

(2) Das Recht zur Aneignung des aufgegebenen Grundstücks steht dem Fiskus des Landes zu, in dem das Grundstück liegt. Der Fiskus erwirbt das Eigentum dadurch, dass er sich als Eigentümer in das Grundbuch eintragen lässt.

Impressum

© Verlag MGJV, Poelchaukamp 20, 22301 Hamburg, Kontakt: mgjv.verlag@gmail.com; - Die Redaktion freut sich über konstruktive Hinweise und Verbesserungsvorschläge.

Inhaltliche Verantwortung und Aktualität: Redaktion MGJV

Satz, Druck und Bindung: Externe Dienstleister; alle Rechte MGJV-Verlag

Umschlaggestaltung: Gustav Broedecker. Alle Rechte MGJV-Verlag

Wir sind bemüht, ein ansprechendes Produkt zu gestalten, dass vernünftigen Ansprüchen an das Preis/Leistungsverhältnis gerecht wird.

Die Rechte am Werk, insbesondere für die Zusammenstellung, die Cover- und weitere Gestaltung liegen beim Verlag. Trotz sorgfältigster Bearbeitung und Qualitätskontrolle können Übertragungsfehler und technische Fehler nicht letztgültig ausgeschlossen werden. Fachanwaltliche Beratung wird durch die Konsultation einer Rechtssammlung nicht ersetzt.

- - - - -

Über eine Bewertung bei Amazon oder anderen Distributoren freut sich die Redaktion. Mit Kritik und Verbesserungsvorschlägen für künftige Ausgaben wenden Sie sich auch gerne an MGJV.Verlag@gmail.com. Wir freuen uns über hilfreiche Hinweise.

Vielen Dank, Ihre Redaktion MGJV

www.ingramcontent.com/pod-product-compliance
Lightning Source LLC
Chambersburg PA
CBHW070333190526
45169CB00005B/1867